Liebeszauber für Anfänger

Betrachtungen, Meditationen
Rituale und Methoden

Kontakt: www.HarryEilenstein.de / Harry.Eilenstein@web.de

Impressum: Copyright: 2011 by Harry Eilenstein – Alle Rechte, insbesondere auch das der Übersetzung, vorbehalten. Kein Teil des Buches darf ohne schriftliche Genehmigung des Autors und des Verlages (nicht als Fotokopie, Mikrofilm, auf elektronischen Datenträgern oder im Internet) reproduziert, übersetzt, gespeichert oder verbreitet werden.

Herstellung und Verlag: BoD- Books on Demand, Norderstedt

ISBN: 9783750451247

Inhaltsverzeichnis

I Liebeszauber

Liebeszauber gehören neben Jagdzaubern, Fruchtbarkeitszaubern, Schadenszaubern, Omen, Orakeln und Jenseitsreisen zu den Formen der Magie, die sich in fast allen älteren Kulturen finden lassen – Beziehungen sind schon immer ein zentrales Thema gewesen und Nähe, Liebe, Sex und Gemeinschaft sind auch in früheren Zeiten Grundbedürfnisse im Leben der Menschen gewesen.

Es gibt zwar mehrere Varianten des Liebeszaubers, aber die Grundformen sind doch in allen Kulturen weitgehend dieselben:

- das Liebes-Amulett,
- die Bitte an die Götter,
- der Befehl an die Geister,
- der magische Zwang und
- der Liebestrank bzw. die Liebesspeise.

Diese fünf Varianten zeigen schon die Bandbreite der Grundeinstellung dessen, der einen solchen Liebeszauber durchführt: Sie reicht von der freilassenden Bitte bis zum Zwang.

I 1. Das Liebes-Amulett

Das Amulett oder der Talisman ist ein Gegenstand, der aufgrund seiner Symbolik oder aufgrund der auf ihn gemalten Zeichen magisch wirksam ist. In den meisten Fällen wird das Amulett von einem Spezialisten, also von einem Zauberer oder einer Hexe hergestellt.

Oft wird es auch aus bestimmten Metallen (Kupfer für Venus u.ä.) oder zu bestimmten Zeitpunkten (häufig an Vollmond) hergestellt.

I 2. Die Bitte an die Götter

Die Bitte an die Götter ist im Allgemeinen eine etwas freilassendere Methode, auch wenn der Bittende davon ausgeht, daß seine Bitte erfüllt werden wird. Sie wird entweder von dem Betreffenden selber oder wieder von einem Spezialisten durchgeführt – in der Regel im Rahmen eines Rituals.

I 3.   Der Befehl an die Geister

Der Befehl an die Geister kann ausgesprochen werden, wenn der Betreffende ein Druckmittel hat, mit dem er die Geister dazu bringen kann, das zu tun, was er will. Dies kann einfach sein Wille sein oder seine Drohung mit dem Zorn einer Gottheit, mit dem Entzug von Opfergaben oder gar mit der Zerstörung des Kultes des Geistes.

Die Art der Geister bei dieser Methode kann sehr verschieden sein und von Tiergeistern über Ahnen bis hin zu Halbgöttern reichen. Diese Methode wird fast ausschließlich von „Profis" angewandt werden.

I 4.   Der magische Zwang

Der magische Zwang ist ein direkter Eingriff in die Situation – keine indirekte Bitte oder Forderung an Götter oder Geister und auch kein Amulett, das die Wünsche des Betreffenden auf eine meistens nicht näher definierte Art und Weise erfüllen soll.

Als Methoden finden sich hier vor allem die Sigillen-Magie, bei der mit hoher Konzentration ein Wunsch ausgesandt wird, sowie die Hypnose bzw. Fernhypnose.

Diese Methoden können ebenfalls nur durch einen erfahrenen Magier bzw. durch eine erfahrene Hexe ausgeübt werden. Bei diesen Methoden ist die ersehnte Frau bzw. der ersehnte Mann in der Regel vor allem ein Objekt, aber erscheint nicht mehr als ein gleichberechtigtes Gegenüber – wie es bei den meisten „Einladungs-Liebeszaubern" der Fall ist.

I 5.   Der Liebestrank

Der Liebestrank ist eine Spezialität der indogermanischen Kulturen, der aus der Umdeutung des Ritualtranks entstanden ist.

Die sehr alte Vorstellung, daß die Ankunft im Jenseits nach dem Tod genauso eine Geburt ist wie die Ankunft am Beginn des Lebens im Diesseits, ist schon in der frühen Jungsteinzeit zu einer Wiederzeugung, einer Wiedergeburt und einem Wiederstillen ausdifferenziert worden. Dadurch ist die Jenseitsgöttin zur Wiederzeugungs-Geliebten, zur Wiedergeburts-Mutter und zur Wiederstillens-Amme geworden.

Die Milch der Göttin bei dem Wiederstillen ist im Kult der frühen Indogermanen zu dem Ritualtrank geworden, der zunächst die Geborgenheit bei der Göttin dargestellt haben wird. Im Laufe der Zeit ist dieser Trank jedoch zu dem Hilfsmittel, das die

Wiedergeburt, d.h. die Unsterblichkeit im Jenseits gibt, umgedeutet worden. Auf diese Weise ist das Nektar ambrosia der Griechen und das Soma amrita der Inder (beides bedeutet wörtlich „Unsterblichkeits-Trank") sowie das Haoma der Perser und der Ritual-Met der Kelten und Germanen entstanden. Daraus hat sich dann schließlich die Suche nach dem Lebenselixier der Alchemisten in Europa und Indien entwickelt.

Aus der Kombination der Wiederzeugung, bei der die Jenseitsgöttin die Wiederzeugung-Geliebte des Toten ist, und dem Ritualtrank, der mit dieser Wiederzeugung (und der auf sie folgenden Wiedergeburt) verbunden ist, ist der „Liebestrank" entstanden, der zu der Vereinigung eines Mannes mit einer Frau führt – ursprünglich sind dies der Tote und die Jenseitsgöttin gewesen.

II Analyse

Man kann ein heftiges Verlangen haben und einfach lospreschen und dabei alle Zauber benutzten, die man kennt. Dann wird sicherlich etwas passieren – aber nicht unbedingt das, was man sich ersehnt hat.

Man kann auch erst einmal innehalten, wenn das Leid sehr groß ist, aber sich nicht einfach auflöst, oder wenn das Verlangen sehr heftig ist, aber sich nicht einfach spontan erfüllen läßt – und dann etwas genauer schauen, in welcher Situation man sich eigentlich befindet.

Also: erst Diagnose, dann Therapie.

II 1. Der eigene Charakter

Jeder Mensch hat seinen eigenen Charakter und sieht daher die Welt und das sinnvolle Verhalten in ihr anders als andere Menschen. Es ist daher hilfreich, sich selber zu kennen und zudem zumindestens auch im Groben zu wissen, wie verschieden die Sicht der Menschen auf die Welt sein kann.

Wenn man weiß, daß man vor allem Harmonie sucht oder daß man auf Abenteuer aus ist oder daß man ganz schlicht seinen Willen haben will, kann man das eigene Handeln klarer ausrichten als wenn man diese Selbstkenntnis nicht zur Verfügung haben würde. Je klarer und differenziert diese Selbsterkenntnis ist, desto effektiver wird das eigene Handeln und folglich auch die eigene Magie sein.

Von dem eigenen Charakter einschließlich der eigenen Wertvorstellungen hängt es u.a. auch ab, welche Methoden man in der Magie anwenden wird: die freundliche Bitte an die Götter oder den Befehl an die Geister, das Streben nach einer allgemeinen Wunscherfüllung oder nach einem ganz konkreten Ereignis, die eigene magische Handlung oder der Auftrag an einen Magie-Profi usw.

II 2. Analyse der Situation

Wenn man etwas erreichen will und das nicht sofort mühelos möglich ist, ist es in aller Regel hilfreich, das, was man erreichen will, einmal genauer zu betrachten.

Dazu kann man sich einige Fragen stellen, wobei die folgende Auswahl ohne große Mühe noch deutlich erweitert werden könnte:

„Kenne ich diese Situation schon gut? Habe ich sie sie schon des öfteren erlebt? Was ist in diesen Situationen geschehen? Wie sind sie ausgegangen? Was habe ich da eigentlich gewollt?"

Diese Fragen können helfen, eventuell vorhanden Muster im eigenen Leben zu erkennen, die man gerade möglicherweise zum siebzehnten mal wiederholen will.

Falls man feststellen sollte, daß man immer dieselben Dinge erlebt und daß andere Menschen diese Dinge nicht ebenfalls ständig erleben, ist die Wahrscheinlichkeit ausgesprochen groß, daß das Auftreten dieser sich wiederholenden Ereignisse in einem selber begründet liegen. In diesem Fall ist es sehr wahrscheinlich nicht sehr produktiv, wenn man dasselbe noch ein siebzehntes mal erlebt.

Es wäre vermutlich deutlich zielführender, sich das eigene Erlebnis-Muster einmal genauer anzusehen – einschließlich seines ersten Auftretens und vor allem auch der mit diesem Muster verbundenen Gefühle. Die Heilung und Verwandlung der Gefühle in diesem Erlebnis-Muster ist in einem solchen Fall das, was wesentlich angenehmere Früchte tragen wird als die siebzehnte Wiederholung desselben Erlebnisses – mit steigender Intensität des Desasters am Ende dieser Wiederholungen.

„Ist mein Wunsch ein entspannter 'Ja!'-Wunsch oder ist er ein verkrampfter „'Ja, aber ...'-Wunsch?"

In der Magie setzt sich niemals nur der ausformulierte und ausgesandte Wunsch um, sondern immer dieser Wunsch zusammen mit allen wichtigen Assoziationen, die man zu diesem Wunsch in sich trägt. Man erhält also immer eine Spiegelung des gesamten Bildes, das man zu dem betreffenden Thema in sich trägt.

Für die magische Praxis bedeutet dies, daß man darauf achten sollte, nur einsgerichtete Wünsche auszusenden, aber keine Wünsche, zu denen man einen Widerspruch in sich trägt – denn dieser Widerspruch wird auch ein Bestandteil dessen sein, was einem das Leben als Antwort auf den eigenen Wunsch zusenden wird.

Falls man diese Widersprüche in der magischen Wunscherfüllung in Ordnung findet, braucht man sich nicht weiter um sie zu kümmern – falls man unter dem „Pferdefuß", den diese Wunscherfüllungen dauernd haben, jedoch leidet, sollte man sich darum kümmern, alle inneren Widersprüche aufzulösen, um nicht makelbehaftete Wunscherfüllungen zu erhalten.

Mit „Widerspruch" sind hier solche inneren Konstellationen wie „Ich will! – Und ich will auf gar keinen Fall!" gemeint. Das kann z.B. aus Sehnsucht nach Nähe und gleichzeitiger Angst vor Nähe geschehen. Aus einer solchen Haltung heraus Magie zu betreiben ist, als ob man mit dem einen Fuß auf dem Gaspedal steht und mit dem anderen auf der Handbremse – das tut dem Motor nicht gut.

Es gibt auch Widersprüche, die keine sind – sie treten vor allem bei Quadrat-

Aspekten im eigenen Horoskop auf. In einem solchen Fall will man gleichzeitig zwei Dinge, die gegensätzlich sind und sich zumindestens auf den ersten Blick ausschließen.

Bei einem Quadrat zwischen Pluto und Saturn will man z.B. jederzeit tun können, was man will (Pluto), aber trotzdem Sicherheit in einer Beziehung haben (Saturn). Diese Art des (scheinbaren) Widerspruchs erfordert vor allem Aufrichtigkeit, Mut und Kreativität, um zusammen mit einem anderen eine Lebensweise zu finden, in der beides seinen Raum hat.

„Will ich allgemein eine Beziehung, eine Liebschaft oder ein erotisches Abenteuer – oder will ich diese Dinge mit jemand ganz Konkretem leben und erleben?"

Die Antwort auf diese Frage entscheidet in großem Maße über die Art des Liebeszaubers, der gebraucht wird: Bei einem allgemeinen Wunsch lädt man das betreffende Erlebnis ein und schaut, was der „sinnvolle Zufall" einem dann bringt – bei dem konkreten Wunsch übt man Druck auf eine andere Person aus, damit diese das tut, was man selber von ihr will.

Während die meisten Menschen den Einladungs-Liebeszauber akzeptabel finden werden, werden sehr viele Menschen den Zwang-Liebeszauber verwerflich finden. Wenn man sich jedoch das Verhalten von Menschen genauer anschaut, wird man feststellen, daß die Menschen sehr verschiedene Vorstellungen von Grenzen haben, von sinnvoller Selbstdurchsetzung, von „übergriffiger Verantwortung", von „berechtigtem Anspruch an den anderen" u.ä. Dingen.

Die Grenze zwischen „Einladung" und „Zwang" ist keineswegs so klar und deutlich und für alle gleich, wie man vielleicht zunächst einmal denken könnte.

Es ist sinnvoll, sich sowohl diese beiden Arten von Liebeszauber genauer anzusehen als auch die eigene Situation sowie die eigenen Maßstäbe dafür, was man als richtiges Verhalten und was man als inakzeptabel empfindet.

So gibt es z.B. Menschen, für die nachdrückliches Überreden und leichter physischer Druck vollkommen normal ist, während andere dies bereits als Mißbrauch empfinden würden. Zudem gibt es in jeder Kultur eine andere Art der allgemeinen Definition davon, was ein akzeptables und was ein unakzeptables Verhalten ist – im Alltag und folglich auch bei der Anwendung von Liebeszaubern.

„Welchen Wunsch habe ich genau? Zu welchem der astrologischen Planeten gehört dieser Wunsch?"

Ganz platt gesagt: Liebeszauber ist nicht gleich Liebeszauber – und die Motivation des einen für einen Liebeszauber kann sich sehr stark von der Motivation des anderen für einen Liebeszauber unterscheiden.

Man kann die häufigen Motivationen in fünf Kategorien einteilen, von denen die drei ersten die wichtigsten sind:

- Mond: der Wunsch nach Nähe, Wärme und Geborgenheit
- Venus: verliebt sein und Liebeskummer
- Mars: das Verlangen nach Sex

- Jupiter: ein gemeinsames Leben führen
- Saturn: einen festen Halt im Leben brauchen

Auch die übrigen fünf astrologischen Planeten könnten eine mögliche Motivation sein, doch sie kommen eher selten vor:

- Merkur: zusammen mit dem anderen Gespräche führen
- Sonne: den anderen zum eigenen Selbstausdruck brauchen
- Uranus: gemeinsam Neues erleben
- Neptun: gemeinsame mystisch-symbiotische Erlebnisse haben
- Pluto: den anderen als das Zentrum des eigenen Lebens empfinden

Es liegt nahe, sich den jeweiligen Wunsch einmal genauer anzusehen, seine Geschichte im eigenen Leben zu betrachten und zu schauen, was man da eigentlich will – und ob das, was man da will, wirklich der primäre, ursprüngliche und eigentliche Wunsch ist.

Diese Betrachtung gibt auch schon eine erste Orientierung, welchen Planeten man bei einem eventuellen Liebeszauber um Hilfe bitten könnte.

„Suche ich die ideale Beziehung?"

Hier ist der Ansatz sehr einfach: Wenn man selber innerlich heil und widerspruchsfrei ist und dies auch nach außen hin strahlend lebt, werden auch die Menschen im eigenen Leben sein, die genau zu dieser eigenen strahlenden Mitte passen – das Zusammenleben mit ihnen wird eine ständige Freude sein.

Wenn man selber nicht im heilen, widerspruchsfreien Zustand ist, wird das Leben mithilfe der Menschen, mit denen man zu tun, einem auch diesen Zustand spiegeln: Wenn man in einem inneren Mangel lebt, wird man Menschen begegnen, die auch im Mangel leben – und man wird sich aus dem Mangelgefühl heraus um alles streiten.

In diesem Fall ist die Lösung vom Ansatz her einfach und von der Umsetzung her schwierig: Man wird die ideale Beziehung finden, wenn man sich selber heilt und das, was man wirklich ist, ungehemmt strahlen läßt.

„Geht es um Konflikte in einer bereits bestehenden Beziehung oder in einer konkreten angestrebten Beziehung?"

In diesem Fall gibt es Unterschiede zwischen den beiden Personen, von denen einer oder evtl. auch beide eine Beziehung anstreben. Hier gilt dasselbe wie für die vorige Frage: Der andere spiegelt einem das, was in einem selber noch verletzt ist. Daher hat es wenig Sinn, den anderen ändern zu wollen – lediglich die Selbstheilung kann hier Fortschritte bringen.

- - -

Man muß die hier dargestellt Sicht auf die Situationen, in denen üblicherweise Liebeszauber durchgeführt werden, nicht unbedingt teilen – „jeder Jeck ist anders", wie man im Rheinland sagt.

Das, was letztlich zählt, sind die eigenen Erfahrungen. Es spricht also durchaus einiges dafür, Dinge auch einfach einmal auszuprobieren um zu sehen, welche Wirkung sie haben. Es gibt nichts, was ein besseres Fundament für die eigenen Ansichten und Handlungsstrategien ist, als die eigene Erfahrung …

Das gilt auch für Liebeszauber.

II 3. Nähe

Der Entwurf, die Herstellung, die Dynamik und die Wirkung eines Liebeszaubers hängt sehr stark davon ab, was der Betreffende erreichen will.

Das Thema „Nähe" zeigt sich in der Regel als „Ohne den anderen ist mein Leben sinnlos!" und „Ich kann ohne den anderen nicht mehr leben!" Das ist sehr deutlich eine Abhängigkeits- und Sucht-Symptomatik – die eine der häufigsten Ursachen für Selbstmorde ist. Und eine Sucht als Motivation für einen Liebeszauber kann eigentlich nur zur Katastrophe führen ...

Wenn der Zauber keinen Erfolg hat, wird der Betreffende nur noch stärker in Verzweiflung geraten – und wenn der Zauber Erfolg hat, wird sich die Sucht in der Beziehung bald als massiver Störfaktor zeigen.

Es wäre also sinnvoller, den Mond nicht um Nähe in einer Beziehung zu bitten, sondern zunächst einmal nach innerer Fülle. Etwas präziser kann man auch um die Begegnungen und Erlebnisse bitten, die einen selber zur Heilung führen.

Es macht auch einen großen Unterschied, ob man einen Mond-Liebeszauber, also einen Nähe-Liebeszauber allgemein und freilassend mit der Bitte nach mehr Nähe im eigenen Leben durchführt oder ob man einen solchen Liebeszauber mit dem Wunsch nach Nähe zu einem ganz bestimmten Menschen durchführt. Im ersten Fall sind die Chancen auf ein Ergebnis, das man genießen kann, deutlich größer.

Etwas anderes wäre ein Mond-Liebeszauber, der lediglich die Aufgabe hat, einen Menschen, den man früher einmal gekannt hat und den man wieder in seinem Leben haben möchte, wiederzutreffen (wenn das Wiederfinden per Internet u.ä. nicht möglich ist).

In der Regel wird bei einem Mond-Liebeszauber „ewige Gemeinsamkeit" gesucht – aber nur sehr selten gefunden. Die größte Chance auf Erfolg hat man mit einem solchen Zauber, wenn er allgemein und freilassend durchgeführt wird – aber auch dann ist auf die „Ewigkeit" keineswegs Verlaß.

II 4. Liebe

Die Liebe-Dynamik der Venus ist manchmal nicht leicht von der Nähe-Dynamik des Mondes zu unterscheiden. Meistens findet sich auch hier der Wunsch nach Nähe, aber das Gefühl, daß der andere „der einzig Richtige" ist, ist bestimmender – obwohl auch dies manchmal kaum von dem Nähe-Wunsch unterschieden werden kann.

Wenn solch ein Venus-Liebeszauber in Erfüllung geht, kommt es des öfteren vor, daß die Gefühle und das Interesse nach ein paar Wochen wieder deutlich abflauen und man erkennt, daß man doch ziemlich verschieden ist und doch nicht so gut zusammenpaßt, wie man gedacht hatte. Dieser Effekt tritt bei einem Mond-Thema in der Regel nicht auf – die Nähe wird auch weiterhin gesucht, wenn die Beziehung eine einzige Katastrophe ist, weil das Verlassenwerden bei dem Betreffenden die größte Angst überhaupt ist.

Man kann sich darüber streiten, ob man solch ein eher suchtmäßiges Sehnen nach einem anderen Menschen „Liebe" nennen sollte oder nicht – der betreffende Mensch selber wird es sicherlich so nennen ...

II 5. Sex

Das Verlangen nach Sex hat wieder eine andere Dynamik, da es eine egozentrischere Sicht hat – der andere wird nicht so sehr als Mensch, sondern eher als „Lustobjekt" gesehen. Daher flaut das Verlangen nach einigen gemeinsamen Nächten in der Regel auch schnell wieder ab.

Ein weiterer Unterschied ist, daß es bei den Sex-Liebeszaubern seltener zu Sucht-Erscheinungen kommt – entsprechend der Dynamik des Mars ist hier eher mit Aggression, Eifersucht, Gier, Wut, Rücksichtslosigkeit, Gewalt u.ä. Sowie mit einem häufigeren Wechsel der Partner zu rechnen.

Das muß natürlich nicht sein, da der Mars zunächst einmal neutral die Tat ist – der Mars ist nicht aus sich heraus brutal oder rücksichtslos, sondern nur auf ein Ziel ausgerichtet, daß er mit aller Kraft erreichen will.

II 6. Gemeinschaft

Ein Liebeszauber, der durchgeführt wird, um die Gemeinschaft mit einem bestimmten Menschen zu erlangen, ist deutlich seltener als die zuvor genannten drei Motivationen (Nähe, Liebe, Sex).

Bei einem solcher Jupiter-Liebeszauber wird dasselbe Phänomen auftreten wie bei allen Liebeszaubern: Wenn man einen anderen Menschen herberuft, wird dieser Mensch einem selber den eigenen inneren Zustand spiegeln – was nicht immer das ist, was man gesucht hat, aber was das ist, was die Selbsterkenntnis und die Selbstheilung am meisten fördern kann ...

II 7. Beständigkeit

Die Suche nach Beständigkeit in einer Beziehung, also der Saturn-Liebeszauber, ist kaum von dem Mond-Liebeszauber zu unterscheiden. Der Saturn-Liebeszauber strebt lediglich die Beständigkeit selber an, das Vorhandensein einer sicheren Bezugsperson, aber nicht unbedingt auch die Nähe, die ein Mond-Thema ist.

II 8. Polaritäten

Der Normalzustand eines Menschen (oder, wenn man so will, der Idealzustand) ist das Ruhen in sich selber – innere Fülle, Klarheit und Kraft, sowie Strahlen und Selbstliebe.

Das Leben ist jedoch oft einmal ein bißchen holperig, sodaß man sich manchmal von seiner eigenen Mitte entfernt. Das kann in drei Bereichen geschehen: bei der

Nähe (Ursache meist in der oralen Phase des Säuglings), bei der Kraft (Ursache meist in der analen Phase des Kleinkindes) und bei der Selbstliebe (Ursache meist in der phallischen Phase des Kindes).

Wenn in einer dieser Phasen etwas geschieht, was der Betreffende nicht effektiv hat verarbeiten können, wird er entweder immer „lauter" oder immer „leiser" – und manche Menschen wechseln ständig zwischen diesen beiden Extremen hin und her.

Durch die drei Themen (Nähe, Kraft, Selbstliebe) und die drei Abweichungen (laut, leise, wechseln) ergeben sich neun mögliche Abweichungen von der eigenen Mitte. Es ist hilfreich zu schauen, ob man in der eigenen Mitte ruht oder ob man möglicherweise aus der eigenen Mitte herausgefallen ist und sich nun auf einem dieser neun Irrwege befindet.

die neun Irrwege				
Themenbereich		*Art der Abweichung*		
Thema	*evtl. Problem*	*„laut"*	*„leise"*	*Wechsel zwischen beiden*
Nähe	Mangel	Süchtiger	Asket	Süchtiger/Asket
Kraft	Gewalt	Täter	Opfer	Täter/Opfer
Selbstliebe	Selbstzweifel	Star	Fan	Star/Fan

Aus der Eigendynamik dieser Polarisierungen ergibt sich, daß sich Süchtiger und Asket zusammentun, ebenso Täter und Opfer, sowie Star und Fan – und dann zusammen das Drama des Mangels, der Gewalt oder der Selbstzweifel aufführen.

Es gibt viele Formen, in der diese Dramen aufgeführt werden können: Süchtiger und Asket können das Schauspiel „Hilfsbedürftiger und Helfer" auswählen, Täter und Opfer können die Tragödie „Gewalttätiger und Vergewaltigungsopfer" inszenieren, und Star und Fan können z.B. das Stück „Größenwahn und Minderwertigkeitskomplexe" aufführen. Der Kreativität sind hier kaum Grenzen gesetzt – und das gelegentliche Auftreten von Menschen, die zwischen zwei Extremen hin- und herschwanken, macht das Ganze nur noch unterhaltsamer ... aber nur, wenn man nicht selber Teil eines solchen Dramas ist.

Magie funktioniert nur, wenn sie mit ausreichend Kraft „aufgeladen" ist. Wenn also ein Süchtiger/Täter/Star oder ein Asket/Opfer/Fan einen Liebeszauber benutzt und genügend Kraft in diesem Zauber liegt, fließt diese Kraft in die Polarität zwischen dem Süchtiger/Täter/Star und dem Asket/Opfer/Fan, was vor allem zu einer Steigerung der Polarität in noch größere Extreme führen wird. Man kann eigentlich nur hoffen, daß der Liebeszauber in diesem Fall keine Wirkung hat, da das Dilemma sonst nur noch verstärkt wird ...

Bei einer solchen Polarisierung findet sich in jedem Menschen auch der Gegenpol zu dem Extrem, das dieser Mensch äußerlich lebt: Jeder Asket weiß, was Sucht ist, jeder Täter fürchtet, selber Opfer zu werden und jeder Fan träumt davon, selber zum Star zu werden. Die Polarisierung findet zunächst im eigenen Inneren statt: Es entsteht im eigenen Inneren z.B. das Bild des Süchtigen und des Asketen – deshalb gibt es auch Menschen, die zwischen den beiden Extremen eines Themas hin- und herwechseln.

Es wird niemals zwischen den Extremen von zwei verschiedenen Themen hin- und hergewechselt.

II 9. Das Beziehungs-Mandala

Die Identität eines Menschen ist dessen Kern.

Um dieses Zentrum herum bildet sich das Bild des inneren Mannes und der innere Frau – in der Regel ist bei einem Mann das Männerbild das Selbstbild und das Frauenbild das Suchbild. Bei der Frau ist es genau andersherum.

Wenn nun eine Polarisierung auftritt, polarisieren sich beide Bilder – der innere Mann und die innere Frau, woraus sich insgesamt vier polarisierte Bilder ergeben.

Von diesen Bildern lebt der Betreffende nur ein einziges Bild – die drei anderen Bilder werden von anderen Menschen wie Rollen in einem Schauspiel übernommen.

Dies würde bei einem Mann bei einer Polarisierung des Nähe-Themas wie in der folgenden Übersicht aussehen – der Teil, den dieser Mann tatsächlich selber lebt, ist dabei grau hinterlegt:

Die Polarisierungs-Dynamik und ihre Heilung						
Ursprung	*Entfaltung*	*Polarisierung*	*Leben*	*Erkenntnis*	*Heilung*	*Heil-sein*
Identität (Seele)	innerer Mann	Süchtiger	selber	Süchtiger	innerer Mann	Identität (Seele)
		Asket	„Feind"	Asket		
	innere Frau	Süchtige	„Freundin"	Süchtige	innere Frau	
		Asketin	„Beziehung"	Asketin		

Als Mandala kann man diese Struktur wie folgt darstellen:

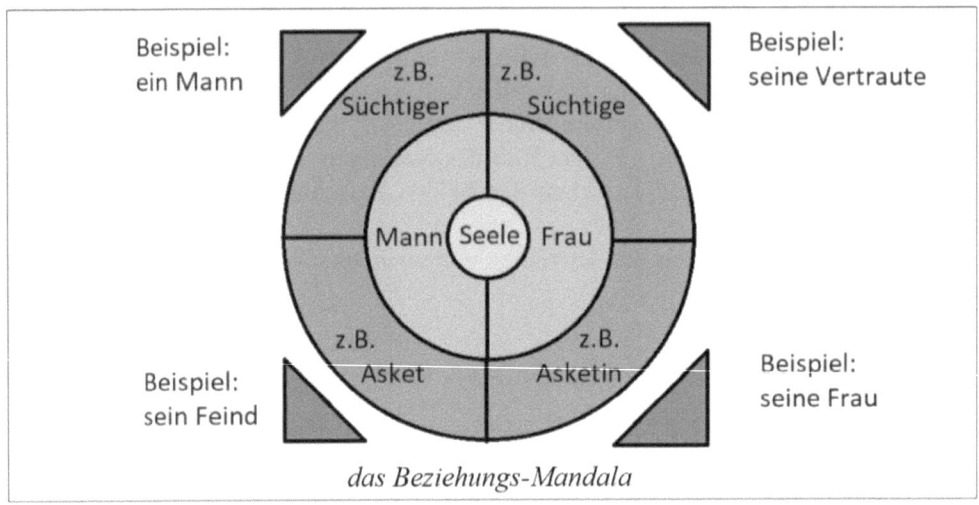

das Beziehungs-Mandala

Wenn man vorhat, einen Liebeszauber durchzuführen, ist es evtl. sinnvoll zu prüfen, ob man selber einigermaßen nah bei seiner eigenen Mitte ist – sonst könnte es sein, daß man durch den Liebeszauber und seine Folgen nur die eigene Sucht, die Anstrengung oder die Selbstzweifel vermehrt ...

Eine vollständige Darstellung dieses Mandalas einschließlich seiner Heilung findet sich in meinem Buch „Das Beziehungs-Mandala".

II 10. Chakren

Man kann einen Liebeszauber auch von dem Chakra her, auf das jemand den Großteil seiner Aufmerksamkeit ausgerichtet hat, betrachten:

- Im Herzchakra liegt die Identität – und folglich auch die Selbstliebe.

- Das Sonnengeflecht unter dem Herzchakra ist der körperliche Selbstausdruck und das Halschakra über dem Herzchakra der soziale Selbstausdruck. In diesen beiden Chakren ist die Identität zu einem allgemeinen Wunsch geworden.

Daher sind diese beiden Chakren der Ausgangspunkt für die allgemeinen, freilassenden Liebeszauber. Von diesen Chakren aus wird ein Impuls in die Welt gesandt, der eine freilassende und allgemeine Anfrage, also eine Einladung ist.

18

- Im Hara unter dem Sonnengeflecht liegt der innere Halt und im Dritten Auge über dem Halschakra die äußere Orientierung. In diesen beiden Chakren wird der allgemeine Wunsch aus dem Sonnengeflecht und dem Halschakra zu einem konkreten Wunsch, der sich auf eine bestimmte Person bezieht.

Daher sind diese beiden Chakren der Ausgangspunkt für die konkreten Liebeszauber, in denen der Zauberer eine dominante Stellung einnimmt. Von diesen beiden Chakren geht eine Macht aus, die auf einen ganz bestimmten Menschen ausgerichtet ist. Hier liegt der Ursprung der Zwang-Liebeszauber.

Im Wurzelchakra unter dem Hara liegt der körperliche Kontakt und im Scheitelchakra über dem Dritten Auge der geistige Kontakt. In diesen beiden Chakren wird der konkrete Wunsch im Hara und im Dritten Auge zum Erlebnis.

Daher spielen diese beiden Chakren vor allem in bereits bestehenden Beziehungen eine Rolle, in denen sie das Handeln bestimmen.

- - -

Man kann die Chakren auch noch auf eine andere Weise betrachten, da sich in ihnen auch die Polarisierung widerspiegelt, die im vorigen Kapitel beschrieben worden ist.

Wurzelchakra und Scheitelchakra

Dabei liegt das Nähe-Thema mit seinen beiden Extremen des Süchtigen und des Asketen in dem äußeren Chakren-Paar:

Der Süchtige hat einen Lebenskraft-Stau im Wurzelchakra und einen Lebenskraft-Mangel im Scheitelchakra;
der Asket hat einen Lebenskraft-Stau im Scheitelchakra und einen Lebenskraft-Mangel im Wurzelchakra.

=> Die Liebeszauber, die aus dem Gefühl eines großen Mangels heraus gemacht werden, beziehen sich auf dieses Chakrenpaar – bei dem Süchtigen als die Suche nach konkreter Nähe, bei dem Asketen als das Anhimmeln einer fernen Geliebten.

Die Sucht/Askese-Liebeszauber gehen von diesen beiden Chakren aus: die Sucht vom Wurzelchakra, das Anhimmeln vom Scheitelchakra.

Bei diesen Liebeszaubern geht es um die Handlung in einer einzelnen Situation.

Hara und Drittes Auge

Das Kraft-Thema mit seinen beiden Extremen des Täters und des Opfers liegt in dem mittleren Chakren-Paar:

Der Täter hat einen Lebenskraft-Stau im Hara und einen Lebenskraft-Mangel im Dritten Auge;
das Opfer hat einen Lebenskraft-Stau im Dritten Auge und einen Lebenskraft-Mangel im Hara.

=> Die Liebeszauber, die mit den eigenen Wünschen an eine konkrete Person zu tun haben, beziehen sich auf dieses Chakrenpaar – bei dem Täter als die Durchsetzung des eigenen Willens und bei dem Opfer als das verzweifelte Flehen um freundliche Zuwendung.
Die Täter/Opfer-Liebeszauber gehen von diesen beiden Chakren aus: der Zwang vom Hara und das Flehen vom Dritten Auge.
Bei diesen Liebeszaubern geht es um das Verhältnis zu einem konkreten Menschen.

Sonnengeflecht und Halschakra

Das Selbstausdruck-Thema mit seinen beiden Extremen des Stars und des Fans liegt in dem inneren Chakren-Paar:

Der Star hat einen Lebenskraft-Stau im Sonnengeflecht und einen Lebenskraft-Mangel im Halschakra;
der Fan hat einen Lebenskraft-Stau im Halschakra und einen Lebenskraft-Mangel im Sonnengeflecht.

=> Die Liebeszauber, die mit den allgemeinen Wünschen zu tun haben, beziehen sich auf dieses Chakrenpaar – bei dem Star als das Verlangen nach Bewunderung und bei dem Fan als verschämtes Schielen zu dem Idol.
Die Star/Fan-Liebeszauber gehen von diesen beiden Chakren aus: die Bewunderungs-Sucht vom Sonnengeflecht und das Unterordnen

vom Halschakra.

Bei diesen Liebeszauber geht es um das Verhältnis zu den Menschen allgemein.

Herzchakra

Das Verankertsein im Herzchakra findet sich bei den Menschen, die in ihrer Mitte ruhen.

Aus diesen Zusammenhängen ergibt sich u.a., daß sich der Zauberer beim Zwang-Liebeszauber in seinem Hara sammelt (was er sehr wahrscheinlich schon gewohnheitsmäßig tun wird) und von dort aus den anderen zwingt, das zu tun, was er will. Beim Geltungssucht-Liebeszauber wird der Zauberer hingegen von seinem Sonnengeflecht aus handeln und alle in seinen Bann ziehen wollen. Der Sucht-Liebeszauber wird von dem Zauberer hingegen von seinem Wurzelchakra aus ausgeführt – ein Sog, der alles an sich zieht. Dies sind die drei „lauten" Extreme.

Die drei „leisen" Extreme sind der Asket, das Opfer und der Fan. Der Zauberer ist beim Anhimmeln-Liebeszauber in seinem Scheitelchakra konzentriert. Beim Anflehen-Liebeszauber ist er hingegen fast nur in seinem Dritten Auge aktiv. Der Fan ist bei seinem Scham-behafteten Liebeszauber schließlich ganz in seinem Halschakra.

Man kann aus der Art des Liebeszaubers schließen, welches Chakra dafür verwendet werden muß – und man kann aus dem bei dem Liebeszauber aktiven Chakra auch auf den Charakter des Liebeszaubers schließen.

II 11. Orakel

Ein fast überflüssiger Hinweis ist die Empfehlung, vor der Durchführung eines Liebeszaubers das eine oder andere Orakel wie z.B. die Tarotkarten oder das I Ging zu befragen. Das bedeutet keineswegs, daß man das Orakel befragen und keinen Liebeszauber durchführen soll – aber eine Handlung, die aus einer Klarheit über sich selber und über die Situation heraus geschieht, trägt im allgemeinen die wohlschmeckendsten Früchte ...

21

II 12.   Das eigene Horoskop

Das eigene Horoskop kann eine gute Hilfe sein, um die eigene Situation richtig einschätzen und zu einem sinnvollen Verhalten finden zu können.

Für die Beziehungen sind insbesondere die Stellung der drei Planeten Mond (Nähe), Venus (Liebe) und Mars (Sex) wichtig. Für eine dauerhafte Lebensgemeinschaft ist hingegen der Jupiter von sehr großer Bedeutung, der für die Werte und die Lebens-Organisation zuständig ist.

Da Liebeszauber durchgeführt werden, wenn man ein Problem hat, kann man sich in seinem Horoskop auch einmal die Quadrate, Quincunxe und Halbsextile anschauen, da diese Aspekte normalerweise die Probleme eines Menschen beschreiben.

Diese Aspekte haben eine weitende, verwandelnde und verändernde Dynamik:

- Das Quadrat trennt zwei Planeten, die sich unabhängig voneinander, aber mit Rücksicht aufeinander entwickeln und ausdrücken wollen. Hier ist es wichtig, nicht in ein „entweder oder" zu geraten. Das Quadrat ist wie eine Zeltstange, die zwei Dinge trennt, aber dadurch einen Raum schafft.
- Das Quincunx ist der ständige Wandel, der dadurch entsteht, daß es ständig neue Situationen gibt, Neues erlebt und aufgenommen wird, anderes aufgeräumt, gereinigt oder abgelegt wird ... Es wird ständig die Gegenwart in das bereits Bestehende integriert.
- Das Halbsextil ist die Weiterentwicklung von einem Zustand zu dem nächsten, auf ihn folgenden Zustand – nichts bleibt, wie es ist ...
- Manchmal ist auch noch die Opposition von Bedeutung: Sie ist der ständige Wechsel zwischen zwei Polen – im Idealfall eine schwingende Schaukel.

Dies sind nur kurze Hinweise – die detaillierte Darstellung der Astrologie würde den Rahmen dieses Buches natürlich sprengen.

II 13.   Traumreise

Um eine Situation zu verstehen bevor man zu handeln beginnt, kann man auch eine Traumreise zu dem betreffenden Thema durchführen oder auf einer Traumreise eine Gottheit, zu deren Bereich das betreffende Thema gehört, um Rat und Hilfe bitten.

II 14. Erkenntnisse

Schließlich spielt auch noch das eigene Hintergrundwissen und die eigene Erfahrung mit dem Thema eine große Rolle: Was weiß man über Beziehungen, über ihre Dynamik, über Horoskope, über Partnerhoroskope, über die psychologische Dynamik von Beziehungen usw.? Und welche Art von Beziehungen hat man schon erlebt? Wie gut kennt man seine eigene Biographie und die Prägung, die sich dadurch ergeben hat? Hat man evtl. vorhandene Traumas in der eigenen Psyche aufgelöst?

Schließlich gibt es als letztes noch einen sehr wichtigen Punkt: Jeder wächst in einer bestimmten Familie und Kultur auf und hat daher seine Eltern und das Standard-Beziehungsmodell aus der eigenen Kultur als Vorbild. Es gibt jedoch eine sehr große Vielfalt an möglichen Beziehungs-Modellen – sowohl solche aus anderen Kulturen als auch solche, die in neuerer Zeit ausprobiert worden sind.

Es ist daher sehr empfehlenswert, sich einmal einige dieser Formen anzusehen – einfach um die Vielfalt der Möglichkeiten zu kennen und dann zu schauen, welche dieser Möglichkeiten sich am besten anfühlt. Auf diese Weise erlangt man eine Entscheidungsfreiheit, die man sonst nicht hätte ...

Es geht dabei keineswegs darum, ein möglichst exotisches Beziehungsmodell zu leben, sondern lediglich darum, sich das Wissen und den Mut zu erwerben, das zu tun, was einem selber am meisten entspricht.

III Liebeszauber: Einladung

Nachdem man seine eigene Situation und Motivation genauer untersucht hat, kommt man evtl. zu dem Schluß, daß man einen Liebeszauber durchführen will.

III 1. Planeten-Traumreise

Eine relativ einfache Möglichkeit für einen Liebeszauber ist die Traumreise – sofern man schon etwas Übung mit dieser Methode hat. Man kann z.B. zu dem Planeten reisen, der zu dem Charakter des eigenen Wunsches paßt, und dann diesen Planeten um Hilfe bitten.

Evtl. kann man ihn auch nach einen Kommentar zu dem eigenen Vorhaben fragen – in der Regel sind diese Kommentare ausgesprochen unerwartet, unangenehm ... und hilfreich ...

III 1. a) Mond

Eine Traumreise zum Mond würde man unternehmen, wenn es um Nähe geht. Dabei ist es egal, ob dies eine Traumreise wird, die vorwiegend aus Bildern oder vorwiegend aus Worten besteht – obwohl bei diesem Thema Bilder wahrscheinlicher sind.

Es ist in diesem Fall hilfreich, den Mond auch nach dem derzeitigen eigenen Verhältnis zur Nähe zu fragen, um zu erfahren, was man selber in sich oder in dem eigenen Leben tun kann, um das eigene Verhältnis zur Nähe zu heilen und somit die Chancen auf Nähe auch im Außen zu erhöhen.

Die Wahrscheinlichkeit, daß bei einer solchen Traumreise auch die eigenen Mutter und evtl. ebenso der eigene Vater eine Rolle spielen wird, ist recht groß.

Bei diesem Thema werden vermutlich vor allem Wurzelchakra und Scheitelchakra angesprochen.

III 1. b) Venus

Eine Traumreise zur Venus würde man unternehmen, wenn es um Liebe geht. Es ist auch hier egal, ob dies eine Traumreise wird, die vorwiegend aus Bildern oder vorwiegend aus Worten besteht – die Wahrscheinlichkeit ist in etwa gleich groß.

Es ist auch in diesem Fall hilfreich, die Venus auch nach dem derzeitigen eigenen Verhältnis zur Liebe allgemein fragen, um zu erfahren, was man selber in sich oder in dem eigenen Leben tun kann, um das eigene Verhältnis zur Liebe zu heilen und somit die Chancen auch auf das ganz konkrete Erleben von Liebe zu erhöhen.

Die Wahrscheinlichkeit, daß bei einer solchen Traumreise auch das eigene innere Suchbild zu finden, ist recht groß: bei einem Mann also die innere Frau – und bei einer Frau der innere Mann.

Bei diesem Thema werden vermutlich vor allem Sonnengeflecht und Halschakra angesprochen, aber evtl. auch die beiden äußeren Chakren.

III 1. c) Mars

Eine Traumreise zum Mars würde man unternehmen, wenn es um Sex geht. Auch hier gibt es keine klare Tendenz zu Traumreisen, die mehr aus Bildern oder mehr aus Worten bestehen, wenn man einmal von evtl. sehr markanten und drastischen Aussprüchen des Mars absieht.

Es ist auch in diesem Fall wieder hilfreich, den Mars auch nach dem derzeitigen eigenen Verhältnis zum Sex zu fragen, um zu erfahren, was man selber in sich oder in dem eigenen Leben tun kann, um das eigene Verhältnis zum Sex zu heilen und somit die Chancen auf auf ganz konkreten Sex mit einem anderen Menschen zu erhöhen.

Die Wahrscheinlichkeit, daß bei einer solchen Traumreise auch das eigene innere Suchbild zu finden, ist ebenfalls recht groß – noch wichtiger ist es jedoch, das Selbstbild zu finden, da dieses Selbstbild beim Sex aktiv ist: bei einem Mann also der innere Mann – und bei einer Frau die innere Frau.

Bei diesem Thema werden vermutlich vor allem Wurzelchakra und Scheitelchakra angesprochen und nebenbei auch Hara und Drittes Auge – der Schwerpunkt wird wahrscheinlich beim Hara und beim Wurzelchakra liegen.

III 2. Planeten-Rituale

Während die Traumreisen eine innere Begegnung mit den Planeten sind, sind Rituale eine äußere Begegnung mit den Planeten. Da man bei einem Ritual selber die Handlungen durchführt, während man bei einer Traumreise mehr wahrnimmt als bei einem Ritual, ist das Ritual aktiver und die Traumreise passiver.

Folglich neigen die drei „lauten" Extreme, also der Süchtige, der Täter und der Star zu Ritualen, während die drei „leisen" Extreme, also der Asket, das Opfer und der Fan eher zu Traumreisen neigen.

Es wäre daher eine gute Idee, beides in ungefähr gleichem Maße zu verwenden und eine Einseitigkeit zu vermeiden.

III 2. a) Mond

Eine der einfachsten Formen eines Mond-Rituals besteht aus dem Ziehen eines Schutzkreises und dem anschließenden Ziehen des Mond-Hexagramms (siehe Skizze) in alle vier Richtungen, oben, unten und in der Mitte. Dadurch kann der Raum mit der Qualität des Mondes aufgeladen werden. Anschließend spricht man seinen Wunsch an den Mond aus.

Dieses einfache Ritual kann man natürlich beliebig durch die Wahl einer Vollmondnacht als Termin für das Ritual, durch passenden Weihrauch, Mondsteine und Opale auf dem Altar, einen silbernen Kelch, rituelle Kleidung, lange Anrufungen u.ä. ergänzen. Dies sollte man so handhaben, wie es sich gut anfühlt. Es hängt auch vor allem von dem eigenen Charakter und Temperament ab, ob man die Bitte an den Mond bereits vorher ausformuliert und dann vorträgt, oder ob man lieber in dem Augenblick improvisiert.

Man kann dieses Ritual natürlich auch auf einer Waldlichtung, auf die gerade der Vollmond scheint, durchführen und dabei evtl. die Mond-Hexagramme fortlassen.

Wenn man möchte, kann man auch den Mond-Erzengel Gabriel um Hilfe bitten. Man kann ihn in einem violetten Gewand imaginieren. Es ist sinnvoll darauf zu achten, ob er einem etwas sagt – so wie man ihn auf einer Traumreise sprechen hören kann.

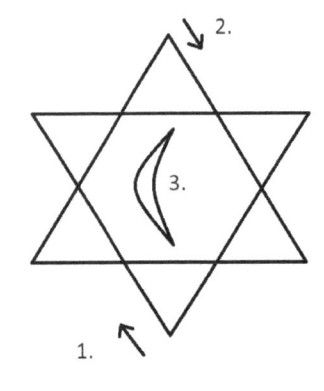

1. das untere Dreieck in Pfeilrichtung beginnend in die Luft „zeichnen" und dabei imaginieren; dabei „Schaddai" singen

2. das obere Dreieck in Pfeilrichtung beginnend in die Luft „zeichnen" und dabei imaginieren; dabei „el-Chai" singen

3. das Mond-Symbol in die Luft „zeichnen" und dabei imaginieren; dabei „Ararita" singen

III 2. b) Venus

Das Venus-Ritual kann man auf dieselbe Weise durchführen, indem man das Venus-Hexagramm benutzt.

Man kann das Ritual auch draußen kurz nach Sonnenuntergang oder kurz vor Sonnenaufgang durchführen – je nachdem, wann die Venus gerade am Himmel zu sehen ist.

Wenn man möchte, kann man auch den Venus-Erzengel Haniel um Hilfe bitten. Man kann ihn in einem grünen Gewand imaginieren.

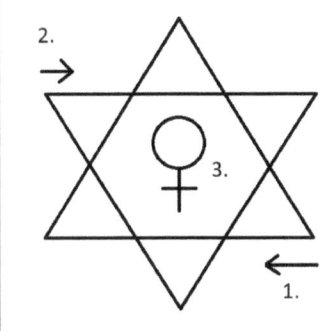

1. das untere Dreieck in Pfeilrichtung beginnend in die Luft „zeichnen" und dabei imaginieren; dabei „Yod-he-Vau-He" singen

2. das obere Dreieck in Pfeilrichtung beginnend in die Luft „zeichnen" und dabei imaginieren; dabei „Tzabaoth" singen

3. das Venus-Symbol in die Luft „zeichnen" und dabei imaginieren; dabei „Ararita" singen

III 2. c) Mars

Auch das Mars-Ritual kann man auf dieselbe Weise durchführen, indem man das Mars-Hexagramm benutzt.

Man kann das Ritual auch nachts draußen durchführen, falls der Mars am Himmel zu sehen ist.

Wenn man möchte, kann man auch den Venus-Erzengel Samael um Hilfe bitten. Man kann ihn in einem roten Gewand imaginieren.

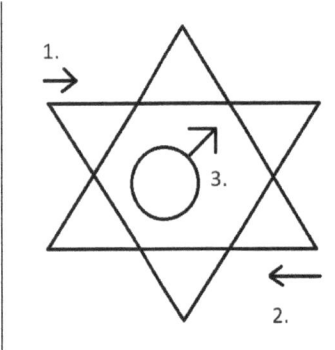

1. das obere Dreieck in Pfeilrichtung beginnend in die Luft „zeichnen" und dabei imaginieren; dabei „Elohim" singen

2. das untere Dreieck in Pfeilrichtung beginnend in die Luft „zeichnen" und dabei imaginieren; dabei „Gibor" singen

3. das Mars-Symbol in die Luft „zeichnen" und dabei imaginieren; dabei „Ararita" singen

III 3. Anrufungen

Mann kann diese Rituale auch etwas „persönlicher" gestalten, indem man entweder zusätzlich zu den Hexagrammen oder anstatt der Hexagramme und dem Erzengel eine Gottheit anruft.

Für den Mond würden z.B. Isis, Hathor, Inanna, Nanna, Pte-san-win und Kuan Yin passen.

Für die Venus wären dies vor allem Freya und Aphrodite sowie die Dakinis, die Huris und die Walküren.

Dem Mars entsprechen in diesem Zusammenhang u.a. Pan, Priapos, Freyr und evtl. auch noch Shiva.

Bei der Auswahl der Gottheit sollte man nach dem gehen, was sich gut anfühlt – und man sollte sich auch an den Stil und die Kultur halten, die einem am vertrautesten bzw. am sympathischsten sind.

Für christlich orientierte Magier gibt es Bücher, in dem die „Fachbereiche" der verschiedenen Heiligen verzeichnet sind – dort findet man für so gut wie jedes Bedürfnis auch einen zuständigen Heiligen oder eine zuständige Heilige.

Manchmal muß man dort allerdings ein wenig genauer schauen, was die meist etwas veralteten Begriffe bedeuten (z.B. „Tadelsucht" für übertriebene Kritik oder „Fernsehen" für Telepathie).

III 4.   Die eigene Seele

Im Zweifelsfalle ist es immer sinnvoll, Rückhalt bei der eigenen Seele zu suchen, denn man wird kaum etwas durchführen können, was im Widerspruch zu dem, was die eigene Seele will, steht. Andererseits kann die eigene Seele einem aber auch zeigen, durch welche Veränderungen an dem geplanten Liebeszauber z.B. der Widerspruch zu anderen Teilen der eigenen Psyche aufgelöst werden kann. Dadurch kann ein Liebeszauber deutlich effektiver werden.

Vermutlich wird man aber nur dann, wenn man entweder schon recht gut in der eigenen Mitte ruht oder wenn man vollkommen verzweifelt ist, tatsächlich auf die eigene Seele hören ...

III 4. a)   Bitte an die eigene Seele

Man könnte an dieser Stelle eine Traumreise zu der eigenen Seele unternehmen – oder eine Traumreise in das eigene Herzchakra oder zur eigenen Mitte, was letztlich alles dasselbe ist. Dadurch kann man evtl. herausfinden, was die eigene Seele eigentlich in ihrer derzeitigen Inkarnation vorhat – was sicherlich auch die Dynamik der eigenen Beziehungen deutlicher machen würde.

Man kann die Seele auch direkt um eine erfüllende Beziehung bitten – aber es scheint geschickter zu sein, sie auch danach zu fragen, was sie selber darunter versteht ...

III 4. b)   Die innere Widerspruchsfreiheit erlangen

Ein Punkt, um den man sich gut selber kümmern kann, ist die Suche nach inneren Widersprüchen in Bezug auf das Thema „Beziehungen". Möglicherweise ist es dabei hilfreich, mit einem guten Freund oder einer guten Freundin darüber zu sprechen und gemeinsam nach solchen inneren Widersprüchen zu suchen – manchmal ist man bei emotional aufgeladenen Themen ein wenig betriebsblind ...

Falls man solche Widersprüche finden sollte (ohne die Selbstblockade durch solche Widersprüche würde man vermutlich garnicht über Liebeszauber nachdenken), ist es natürlich auch sinnvoll, sie aufzulösen.

In vielen Fällen hilft schon eine Veränderung der Perspektive, also der Versuch zu schauen, was die beiden Hälften dieses Widerspruchs eigentlich wollen. So könnte z.B. die eine Hälfte nach Selbstbestimmtheit streben und die andere nach Nähe – was man möglicherweise als Widerspruch erlebt. Beide Aspekte kann man evtl. als zwei Seiten des eigenen Selbstausdruck erkennen – dann schlagen nicht mehr die beiden eigenen Fäuste gegeneinander, sondern man strahlt wieder vom Herzen her. Möglicherweise könnte auch die Formulierung „Selbstbestimmtheit in einer erfüllenden Beziehung" schon dazu beitragen, den Widerspruch abzumildern und einen Teil des Drucks aus dem Thema zu nehmen.

Wenn es heftigere Widersprüche geben sollten, kommt man in der Regel mit dem Verfahren „schauen, fühlen, umarmen" weiter.

> - Der erste dieser Schritte bedeutet, daß man sich möglichst gelassen und neutral und sachlich anschaut, wie dieser Widerspruch genau aussieht – dabei wird man meistens auch erkennen können, wie alt man gewesen ist, als dieses Gefühl entstanden ist.
> - Der zweite Schritt bedeutet, daß man sieht, daß man es selber ist, der dieses Gefühl hat, das zu diesem inneren Widerspruch geführt hat – und daß man dieses Gefühl noch immer in sich trägt. Man sollte dieses alte Gefühl nur so lange fühlen, wie man dabei „seinen Kopf über Wasser halten" kann. Evtl. muß man daher mehrmals zu diesem Gefühl gehen und es fühlen.
> - Der dritte Schritt bedeutet, daß man dieses eigene (leidende) „jüngere Ich", das das Alter hat, in dem das Gefühl entstanden ist, sich selber gegenüber stehen sieht – und man es dann umarmt.

Durch diese drei Schritte werden diese alte Gefühle wieder integriert – wodurch die Chancen deutlich steigen, daß die Liebeszauber, die evtl. anschließend noch durchgeführt werden, zu angenehmen Ergebnissen führen.

III 4. c) Neuausrichtung

Vermutlich wird das Auflösen des inneren Widerspruchs dazu führen, daß man seine Perspektive ändert und zu einer neuen Fragestellung oder zu einer neuen Bitte an die eigene Seele findet.

Es ist sinnvoll, auch diese neue Frage oder Bitte wieder auf innere Widersprüche zu untersuchen und evtl. das „schauen, fühlen, umarmen"-Verfahren noch einmal anzuwenden.

III 4. d) Silberschnüre

Ein allgemeines Verfahren, um etwas herbei zu rufen, was man braucht, sind die Silberschnüre – egal ob man einen Nachmieter sucht, neue Freunde kennenlernen will oder einen Parkplatz finden möchte oder eben eine Beziehung.

Das Verfahren ist denkbar einfach: Man stellt sich vor, wie man aus dem eigenen Körper Lebenskraft-Fäden aussendet, die sich ihren Weg zu dem Erwünschten suchen. Meistens gehen diese Silberschnüre von dem eigenen Sonnengeflecht aus.

Diese manchmal „Silberschnüre" genannten Lebenskraft-Fäden sehen eigentlich milchigweiß aus und haben einen leichten Blauschimmer – was jedoch einem „silbern" sehr nahe kommt.

III 4. e) Das eigene Krafttier

Möglicherweise kann einem auch das eigene Krafttier weiterhelfen, wenn man es schon kennt. Es ist auch interessant, einmal zu schauen, welche Verhaltensweise das eigene Krafttier in Bezug auf das Zusammenleben (Mond) im Rudel, in der Herde, im Schwarm usw. hat sowie die Art der Bindungen (Venus), die es eingeht, und die Form des Sex (Mars), die bei ihm üblich ist. Vermutlich wird etliche Übereinstimmungen zu dem eigenen Verhalten finden

Evtl. kann einem auch die eigene Kraftpflanze und der eigene Kraftstein etwas zu den Beziehungen sagen, obwohl das Krafttier bei diesem Thema meistens der wichtigste dieser drei Verbündeten ist, da das Krafttier die eigene Dynamik verdeutlicht. Die Kraftpflanze ist hingegen die eigene Haltung und der Kraftstein die eigene Struktur.

III 4. f) Felix felicis

Es gibt noch einen sehr interessanten und empfehlenswerten Versuch mit einem imaginären Zaubertrank. In den „Harry Potter"-Büchern wird im 6. Band ein Zaubertrank namens „Felix felicis" beschrieben. Da diese Bücher mittlerweile die Auflage von einer halben Milliarde überschritten haben, haben sich auch die Bilder aus diesen Büchern recht gründlich im kollektiven Unterbewußtsein verankert.

Wenn man den goldfarbenen Zaubertrank „Felix felicis" und seine Wirkung aus den Büchern kennt, kann man sich einmal morgens vorstellen, drei Tropfen dieses Trankes zu sich zu nehmen. Dann wünscht man sich das, weshalb man einen

Liebeszauber durchführen will, und schaut, was der Tag bringt ...

(Auch auf Ron Weasley hatte der nur vermeintlich eingenommene Trank dieselbe Wirkung wie der tatsächlich eingenommene Trank.)

IV   Liebeszauber: Zwang

Die Liebeszauber im vorigen Kapitel waren allgemeine, freilassende Zauber, die vom Sonnengeflecht und vom Halschakra ausgehen.

In diesem Kapitel werden die Zauber beschrieben, die vom Hara und vom Dritten Auge ausgehen.

IV 1.   Risiken des Zwangs

Das Risiko bei den Zwang-Zaubern ist vor allem, daß sie wirken könnten. Aufgrund des Prinzips, daß ein Zauber nicht nur das herbeiholt, was man bewußt herbeiruft, sondern auch alles, was mit dem betreffenden Thema assoziiert wird, könnte es sein, daß das Ergebnis des Zaubers zwar auf der ganz wörtlichen Ebene mit dem ausgesandten Wunsch übereinstimmt, daß er aber den einen oder anderen Makel hat, der einem garnicht recht ist.

Der extremste Fall wäre der, daß z.B. ein Mann eine ganz bestimmte Frau haben will und diese mit aller Kraft zu sich zieht und sie dann auch tatsächlich wiedersieht – allerdings vor ihrer Beerdigung im Leichenschauhaus ... Glücklicherweise sind nur wenige Zauber so stark, daß sie ein solch extremes Ergebnis erschaffen könnten.

Der zweite Punkt bei dem Zwang-Zaubern ist der Zwang selber, der sich auch in der Begegnung findet, die auf diese Weise zustande gekommen ist:

> - Will man mit jemandem zusammen sein, den man zu dem Zusammensein gezwungen hat?
> - Will man den anderen durch das Ausüben von Zwang wirklich zu einem Objekt der eigenen Begierde machen?
> - Will man gegen den Willen des anderen mit dem Betreffenden zusammen sein?
> - Will man einen Kampf als Beziehungsgrundlage haben?

Man kann zu einem solchen magischen Zwang sehr verschiedene Einstellungen haben – aber es ist sehr empfehlenswert, sich vor dem Durchführen eines entsprechenden Liebeszaubers über diese Art von Zwang Gedanken zu machen.

IV 2.   Sigillen-Magie

Die Sigillen-Magie ist eine sehr einfache, aber trotzdem wirkungsvolle Form der Magie. Bei einem Liebeszauber würde man zunächst einmal das, was man will, möglichst prägnant in einem kurzen Satz formulieren.

Die folgenden Sätze sind keine Vorschläge für besonders gut gelungene Sigillen-Sätze, sondern eher drastisch formulierte Beispiele dafür, wie diese Sätze bei den sechs polaren Extremen klingen könnten.

- <u>Süchtiger</u> (Lebenskraft-Stau im Wurzelchakra):   *„Ich will jetzt sofort Sex mit ihm!"*
- <u>Asket</u> (Lebenskraft-Stau im Scheitelchakra):   *„Wenn wir doch wenigstens eine Freundschaft haben könnten!"*
- <u>Täter</u> (Lebenskraft-Stau im Hara):   *„Sie soll tun, was ich will!"*
- <u>Opfer</u> (Lebenskraft-Stau im Dritten Auge):   *„Er soll endlich freundlich zu mir sein."*
- <u>Star</u> (Lebenskraft-Stau im Sonnengeflecht):   *„Die Frauen sollen alle zu mir kommen!"*
- <u>Fan</u> (Lebenskraft-Stau im Halschakra):   *„Wenn doch einmal eine Frau mit mir sprechen würde!"*

Diesen Satz (der am besten keinem der oben angeführten Sätze allzu sehr ähneln sollte) wird aufgeschrieben, z.B.: *„Ich will Sex mit Peter."*

Nun streicht man alle doppelten Buchstaben aus diesem Satz heraus: *„Ich wl Sex mt Pr."* Es bleiben also die folgenden Buchstaben übrig: *„ichwlsexmtpr."*

Aus diesen Buchstaben fügt man jetzt eine Sigille zusammen und vereinfacht diese solange, bis sie eine einprägsame Form erhalten hat. Diese Prozeß könnte wie folgt aussehen:

Die Konstruktion der Sigille				
i c h	*+ w + s + l*	*+ e + x*	*+ m + t*	*+ p + r*
1. Vereinfachung	*2. Vereinfachung*	*3. Vereinfachung*	*4. Vereinfachung*	*5. Vereinfachung*

34

Nun folgt der eigentliche magische Teil, der darin besteht, daß man sich auf diese Sigille entweder nur kurz oder über eine eine Weile hin konzentriert und sie dann am besten wieder vergißt.

Für diese Konzentration können verschiedene Methoden verwendet werden: einfache Konzentration und Imagination, Betrachtung des Symbols in innerer Stille, Autoerotik, Schmerz, Ekel, ein lauter Schrei – was sich auch immer gut anfühlt und was man benutzen möchte.

IV 3. Hypnose und Fernhypnose

Eine sehr direkte Form des Zwangs ist die Hypnose. Die klassische Form mit vielen Worten ist hier natürlich ungeeignet, da sie sofort auffallen würde. Die Fernhypnose ist in diesem Fall praktischer, aber sie erfordert ein wenig Übung. Letztlich ist die feste Konzentration auf das Ziel die praktikabelste Methode.

Man kann Einsgerichtetheit auf das eigene Ziel mit dem unauffälligen Sprechen von einigen Worten, die das eigene Ziel beschreiben, verbinden - die Worte stehen dabei in Sätzen, in denen es um etwas ganz anderes geht. In diese Worte legt man seinen Willen und lenkt das Unterbewußtsein des anderen dahin, wohin man ihn haben will.

Dies kann vollkommen unauffällig und trotzdem sehr wirksam sein. Schwierig ist es natürlich dann, wenn man nicht nur die Umstände ein wenig zurechtbiegen muß, sondern wenn der andere etwas ganz anderes will als man selber.

Im Prinzip ist bei der Hypnose, bei der Fernhypnose und bei dem „hypnotischen Gespräch" die gelassene Überzeugung, daß genau das geschehen wird, was man will, die effektivste Haltung. Diese Haltung kann man auch in der Meditation erleben – es ist ein inneres Schwingen, das sich selber stabilisiert.

Das funktioniert natürlich nur dann, wenn man zu dem, was man da gerade macht, keinen inneren Widerspruch hat. Wenn man z.B. moralische Bedenken gegen das eigene Vorgehen hat, kann man es auch gleich sein lassen ...

IV 4. Woodoo-Püppchen

Eine recht gut bekannte Methode ist das Woodoo-Püppchen. Dies ist eine Puppe, die denjenigen darstellt, den man zu sich heranziehen will. Damit der Zauber mit dieser Puppe funktioniert, sollte sie ein Haar, ein Stück abgeschnitten Fingernagel o.ä. von der betreffenden Person enthalten.

Nun kann man mit dieser Puppe sozusagen ein Schauspiel machen und darstellen, wie sie zu einem gelaufen kommt und wie man mit ihr das macht, was man machen will. Bei den rabiateren Methoden wird diesem Püppchen ein Strick um den Hals gelegt, an dem das Püppchen (und folglich auch die betreffende Person) dann zu dem Magier hin gezogen wird.

IV 5.   Menstruationsblut und Sperma

Ein ganz anderer Ansatz, der aus vielen Kulturen bekannt ist, ist das Herstellen einer magischen Verbindung ohne Woodoo-Püppchen. Dabei wird die Verbindung in die andere Richtung hergestellt als beim Woodoo-Püppchen: der Magier bzw. die Hexe sendet einen Teil von sich selber zu dem Menschen, der herbeigezogen werden soll.

Die beliebteste Methode dabei ist, daß die Hexe dem betreffenden Mann etwas von ihrem Menstruationsblut ins Essen mischt bzw. daß der Zauberer der betreffenden Frau etwas von seinem Sperma ins Essen mischt. Auf der Grundlage dieser Verbindung wird dann anschließend imaginiert, daß man den betreffenden Menschen zu sich zieht. Eine andere Möglichkeit wäre, diese Verbindung dazu zu benutzen, um dem Betreffenden das Bild des erotischen Verlangens nach einem selber zu senden.

Diese Methode ist heikel, wenn der Mann oder die Frau, die auf diese Weise zu einem bestimmten Verhalten gezwungen werden soll, selber etwas von Magie versteht. In diesem Fall könnte das „Opfer" diese Verbindung nutzen, um dem Zauberer selber Schaden zuzufügen. Dabei wäre sie in der stärkeren Position, da sie einen Teil des Zauberers in sich trägt und daher dem Zauberer überlegen ist – sie kann nun den Zauberer „fressen".

IV 6.   Spiritus familiaris

Eine etwas umständlichere, aber effektive Methode ist die Herstellung eines Geistes, der den Liebeszauber ausführen soll.

Für einen solchen Geist mischt man zwei Teile gelben Lehm mit einem Teil Bienenwachs, schmilzt diese Mischung in einem Topf und formt daraus die Form, die der Geist erhalten soll – z.B. eine Katze. In diese Katze wird ein mindestens 5cm tiefes Loch gedrückt.

Nun kocht man einen Kamilleblüten-Absud (sehr starker Tee) und gibt ihm ein paar

Tropfen Aurum chloratum C200 (ein homöopathisches Mittel) hinzu. Diese Flüssigkeit füllt man in das Loch in der Katze, gibt noch einige Tropfen des eigenen Blutes hinzu und verschließt dann die Öffnung mit einem Lehm/Wachs-Pfropfen.

Nun erhält die Katze einen Namen und wird täglich mit den Elementen Feuer, Wasser, Luft, Erde und Licht aufgeladen, indem man seine Hand über die Katze hält und sich vorstellt, wie Lebenskraft in Form der vier Elemente plus der Quintessenz (Licht) in diese Katze fließt.

Nach einigen Wochen kann man diese Katze, d.h. den Geist dieser Katze, dann losschicken, um Aufgaben zu erfüllen – wie z.B. einen bestimmten Menschen herbei zu holen.

Solch ein Geist wird jedoch schon nach kurzer Zeit wie ein Haustier, das man nicht mehr missen möchte – schließlich besteht es aus der eigenen, ausgegliederten Lebenskraft. Da solch ein Geist im Laufe der Zeit immer selbständiger werden kann, muß man ihn irgendwann wieder auflösen – was sich wie die Ermordung eines liebgewonnenen Haustieres anfühlen kann.

Diese Methode hat also Vor- und Nachteile ...

IV 7. Planeten-Rituale in anderer Haltung

Die bereits beschriebenen Planeten Rituale kann man auch mit einer anderen Grundhaltung durchführen und nicht etwas freilassend einladen, sondern sich mit der Kraft des ausgewählten Planeten aufladen und dann mit dieser Kraft ein bestimmtes Ereignis befehlen.

Diese Methode muß einem liegen, sonst kann man sie nicht durchführen. Wenn man zu den Planeten ehrfürchtig wie zu Göttern aufblickt, wird dieses Verfahren kaum durchführbar sein. Wenn man die Planeten eher technisch betrachtet, paßt das „Planeten-Zwang"-Verfahren schon besser.

IV 8. Io Pan!

Die Bitte an Pan um Hilfe ist ein Mittelding zwischen freilassender Einladung und Zwang. Pans Methode besteht darin, daß er eine passende Frau aussucht und ihr dann z.B. intensive erotische Träume von dem Magier sendet, der Pan um Hilfe gebeten hat. Dasselbe läßt sich natürlich auch von einer Hexe in Bezug auf einen Mann durchführen.

V Schutz gegen Liebeszauber

Nachdem in dem vorigen Kapitel geschildert worden ist, was Magier so alles tun können, um einen anderen Menschen dazu zu bringen, das zu tun, was der Magier will, folgen in diesem Kapitel nun die Gegenmaßnahmen.

Man könnte natürlich argumentieren, daß es besser wäre, wenn niemand diese Methoden kennen würde, aber da sie jeder herausfinden kann kann, der es darauf anlegt, ist es besser, diese Methoden zu kennen. Dieses Wissen ist aber auch nicht so weit verbreitet, daß es Allgemeingut wäre – es ist eher den Spezialisten in diesem Bereich geläufig.

Es wäre sicherlich auch nicht sinnvoll, jedesmal, wenn man etwas komisch und sonderbar findet, sogleich an Schwarze Magie zu denken – auf diese Weise kann man sehr schnell und gründlich psychisch krank werden. Man sollte stets immer erst alle anderen, „natürlichen" Erklärungen ausschließen, bevor man darüber nachdenkt, ob etwas durch Magie bewirkt worden sein könnte.

Magie funktioniert, das ist keine Frage – aber Verfolgungswahn kann auch ausgesprochen real werden ...

Also gelassen und in der eigenen Mitte bleiben.

Es ist auch nicht verkehrt, bei einem gut begründeten Verdacht eines magischen Angriffs eine Traumreise zu unternehmen, um evtl. etwas Näheres zu erfahren – aber auch hier sollte man mit der Deutung dessen, was man auf der Traumreise gesehen hat, vorsichtig sein und keine voreiligen Schlüsse ziehen, denn es ist wesentlich einfacher, falsche Vorstellungen zu bekommen als sie wieder loszuwerden.

V 1. Strahlen in Selbsttreue

Der sicherste Schutz ist das „Strahlen in Selbsttreue" – dann gibt es kein „Einfallstor" für äußere Angriffe und dann wird auch niemand überhaupt auf den Gedanken kommen, einen Liebeszauber gegen den betreffenden „strahlenden Menschen" durchzuführen.

Jeder äußere Angriff braucht einen Mangel, eine Angst oder einen Selbstzweifel in dem Angegriffenen, um den Angriff an diesem Schwachpunkt ansetzen zu können. Jemanden anzugreifen, der keinen solchen Schwachpunkt hat, ist ausgesprochen mühsam.

Vermutlich werden die „strahlenden Menschen" aber auch gar nicht erst auf den Gedanken kommen, ein Buch dieses über die Liebeszauber in die Hand zu nehmen und zu lesen – sie brauchen das einfach nicht ...

V 2. Pyramide

Eine einfache Form des Schutzzaubers ist die Imagination einer golden leuchtenden Pyramide, in deren Mitte man steht. Dieses Bild ist einfach und man kann es schnell imaginieren. Dieses Schutz- und Reinigungsbild stammt von dem verstorbenen zypriotischen Heiler Daskalos – zumindestens habe ich es durch ihn kennengelernt.

Diese Licht-Pyramide ist kein differenzierter Schutzzauber und auch keine Reinigung, die sich auf alle Details bezieht, aber sie ist als Erste Hilfe ausgesprochen wirksam und nützlich.

V 3. Mittlere Säule

Die „Übung der Mittleren Säule" ist weit verbreitet und ausgesprochen wirksam und ausbaufähig. Sie ist sozusagen eine „Schnell-Invokation von Gott". Man imaginiert das gleißend weiße Licht, als das man Gott in Visionen wahrnehmen kann, und erfüllt sich dann mit diesem Licht.

Die Mittlere Säule ist ein Teil des kabbalistischen Lebensbaumes. Die fünf Gottesnamen, die man bei dieser Methode laut oder auch nur innerlich singt, entsprechen den fünf Bereichen auf dieser Säule. Diese Bereiche werden als fünf Licht-Kugeln mit verschiedenen Farben imaginiert.

Man beginnt mit den Imaginationen und dem Singen oben und endet unten. Diese Imaginationen und Gottesnamen aus dem Alten Testament sind:

Die Mittlere Säule				
Bereich	*Bedeutung*	*Farbe*	*Ort*	*Gottes-Name*
Kether	Gott	weiß	über dem Kopf	Eheieh
Da'ath	Schutzgottheit	Regenbogen	Hals	Yod-He-Vau-He Elohim
Tiphareth	Seele	golden	Herzchakra	Yod-He-Vau-He Eloa va-Da'ath
Yesod	Lebenskraft	violett	Genitalien	Schaddai el-Chai
Malkuth	Körper	braun	unter den Füßen	Adonai ha-Aretz

Als erstes stellt man sich die gleißend-weiße Licht-Kugel von Kether über dem eigenen Kopf vor und singt (tönt, intoniert, vibriert) den Gottesnamen „Eheieh"

Als nächstes imaginiert man, daß das Licht der weißen Kugel von Kether über dem Kopf nach Da'ath im Halsbereich herabströmt und dabei Da'ath reinigt und dort wieder die ursprüngliche Qualität als Regenbogen-Licht entfaltet. Dabei singt man „Yod-He-Vau-He Elohim".

Dann fließt das Licht von Da'ath nach Tiphareth in der Brust und reinigt diesen Bereich und läßt dort wieder die ursprüngliche Qualität in goldenem Licht erstrahlen. Dabei singt man „Yod-He-Vau-He Eloa va-Da'ath".

Dann fließt das Licht weiter nach Yesod im Hüftbereich, wo es violett erstrahlt. Dabei singt man „Schaddai el-Chai".

Schließlich fließt es nach Malkuth unter den Füßen hinab und bewirkt dort wieder dasselbe: die Reinigung des Bereichs und die Entfaltung der ursprünglichen Qualität in diesem Bereich – diesem in braunem Licht. Dabei singt man „Adonai ha-Aretz".

Die „Übung der Mittleren Säule" ist gleichzeitig eine Reinigung, ein Schutz, ein Aufladen mit Kraft und eine Anrufung – also ein Segen im umfassenden Sinne.

Die Benutzung der „Übung der Mittlere Säule" ist bei fast allen magischen Handlungen ausgesprochen förderlich.

V 4. Reinigung

Man kann auch eine gezielte Reinigung des eigenen Lebenskraftkörpers durchführen, was jedoch eine komplexe Angelegenheit ist und nicht auf die Kürze erschöpfend dargestellt werden kann. Die wesentlichen Hilfsmittel dabei sind:

- das Hineinspüren in den Lebenskraftkörper dessen, der gereinigt werden soll,
- das Entfernen aller Fremdstoffe, und
- das Aufladen mit Lebenskraft z.B. durch die Mittlere Säule.

Eine eher unspezifische Form der Reinigung und auch der Vorbeugung ist das „Kleine Pentagramm-Ritual" – insbesondere, wenn man es täglich durchführt. Dieses Ritual erschafft eine klare Grenze zur Umwelt hin, durch die nicht leicht etwas durchkommen kann.

Eine sehr spezifische Form der Reinigung besteht darin, daß man schaut, ob man eine Verbindung von dem eigenen Lebenskraftkörper nach außen wahrnehmen kann, die zu einem anderen Menschen führt, mit dem man nicht verbunden sein will – und der evtl. einen Liebeszauber gegen einen selber durchgeführt hat.

Man sollte allerdings mit der Diagnose „Probleme durch einen magischen Angriff" ausgesprochen vorsichtig sein – da kann man sich sehr leicht in etwas hineinsteigern, was dem Zustand der Psyche überhaupt nicht gut tut ...

Falls tatsächlich jemand auf magische Weise eine Verbindung zu einem hergestellt hat, um über diese Verbindung einen Liebeszauber auszuüben, kann man diese Verbindung innerlich als eine Lebenskraft-Schnur sehen, die in der Regel von dem eigenen Sonnengeflecht aus zu dem anderen führt.

Nicht jede derartige „Nabelschnur" oder „Silberschnur" ist etwas Schädliches – so hat z.B. auch eine Mutter eine solche Verbindung zu ihrem Kind. Die Verbindung an sich ist nichts Schlechtes – aber man kann sie eben für Förderliches und für Schädliches nutzen.

Wenn man eine solche Verbindung auflösen will, kann man wie folgt vorgehen:

- Man prüft, zu wem diese Silberschnur führt.
- Man prüft, was in dieser Silberschnur geschieht und von wo nach wo in ihr evtl. Lebenskraft fließt.
- Man entscheidet, ob man diese Verbindung haben will oder nicht.
- Wenn man sie nicht mehr haben will, nimmt man die Silberschnur eine handbreit vor dem eigenen Körper in die Hand (Gesten mit der Hand und Imagination) und schneidet sie mit einem (realen) Messer oder Schwert durch.
- Man bringt das Ende dieser Silberschnur zu Mutter Erde und übergibt sie ihr, damit sie sich um diese Schnur, um den Menschen an ihrem anderen Ende und um seine Situation kümmert. Wenn man diese abgeschnittene Silberschnur nicht zu ihr bringen würde, würde sich das Ende wieder an einem selber oder an einem anderen Menschen festsetzen.
- Man reibt Drachenblut (Harz vom Drachenbaum) auf die Stelle, an der man bei sich diese Silberschnur abgeschnitten hat (in der Regel das Sonnengeflecht).
- Man zeichnet mit dem Finger ein Schutzzeichen (Pentagramm, Kreuz o.ä.) auf die betreffende Hautstelle.

V 5.   Krafttier

Bei Themen, bei denen es um Lebenskraft geht, ist es immer hilfreich, das eigene Krafttier miteinzubeziehen und zu schauen, was es sagt, macht oder einem rät. Die Chance ist groß, daß man auf diese Weise etwas erfährt, was man noch nicht gesehen und woran man auch noch nicht gedacht hatte.

Evtl. kann man auch seine Kraftpflanze und seinen Kraftstein um Rat und Hilfe fragen.

V 6.   Die „Licht-Explosion"

Es gibt eine einfache, aber effektive Methode des Selbstschutzes: die Licht-Explosion. Dafür ruft man in sich Gottes Licht wach bzw. imaginiert in sich ein gleißend weißes Licht. Dieses Licht verbindet man mit der eigenen Seele in seinem Herzchakra – und läßt dieses Licht dann explodieren, also mit einer gewaltigen Kraft nach außen strahlen.

Diese „Licht-Explosion" kann man auf dem Lebensbaum in der Sephirah Chokmah als „Licht-Sturm" erleben: vollkommen ungehinderter Selbstausdruck und Selbst-Expansion. (für die Physiker und Astronomen: Dies entspricht der Expansion des Weltalls mit 10^{50}-facher Lichtgeschwindigkeit gleich nach dem Urknall, die „Inflation des Weltalls" genannt wird.)

Diese Methode ist das heftigste, was man zum Selbstschutz unternehmen kann – sie ist nicht differenziert auf die äußeren Umstände ausgerichtet, sondern sie ist ein grenzenloses, befreiendes „Ich!!!"

Sie kann innerlich die Wucht einer Atombombe haben ...

VI Der Sonnen-Liebeszauber

Wenn man ein Problem mit Beziehungen haben sollte (was bei einem Leser dieses Buches ja denkbar wäre ...), gibt es die Möglichkeit, an verschiedenen Stellen anzusetzen:

- <u>Herzchakra</u>: Diese Möglichkeit ist bisher noch nicht besprochen worden und ist Thema dieses Kapitels. Hier geht der Liebeszauber von der eigenen Identität aus.

- <u>Sonnengeflecht und Halschakra</u>: Von diesen beiden Chakren aus können Beziehungen in das eigenen Leben eingeladen werden. Dies ist die allgemeine, freilassende Form der Liebeszauber.

- <u>Hara und Drittes Auge</u>: Von diesen beiden Chakren aus kann jemand Konkretes zu bestimmten Handlungen gebracht werden. Dies ist die konkrete, zwingende Form des Liebeszaubers, die sich auf bereits bestehende Verbindungen richtet, die also die Beziehung zu einem konkreten Menschen gestalten will – auf einseitige Weise.

- <u>Wurzelchakra und Scheitelchakra</u>: Von diesen beiden Chakren geht die konkrete Handlung innerhalb einer Beziehung aus. Das Thema bei diesen beiden Chakren ist also nicht der Liebeszauber, der eine Beziehung herstellen soll, und auch nicht die Frage, wie man eine Beziehung zu einer konkreten Person herstellen kann, sondern eben die eventuell vorhandenen Beziehungsprobleme ... die nicht das primäre Thema dieses kleinen Buches sind.

Um das noch einmal zusammenzufassen:

- <u>Herzchakra</u>: die eigene Identität – Selbstliebe

- <u>Sonnengeflecht und Halschakra</u>: das Einladen einer Beziehung in das eigene Leben

- <u>Hara und Drittes Auge</u>: die Herstellung einer Beziehung zu einem konkreten Menschen

- <u>Wurzelchakra und Scheitelchakra</u>: Handlungen in einer bereits bestehenden Beziehung

VI 1. Betrachtung

Man kann sich einmal ganz allgemein (und bevor man mit einem Liebeszauber beginnt) überlegen bzw. in sich hineinfühlen und ergründen, wie für einen selber die ideale Beziehung aussehen würde.

In einem zweiten Schritt kann man sich überlegen, wie denn allgemein der eigene Stil aussieht (z.B. mithilfe des eigenen Horoskops). Diesen Stil sollte man dann in die Formulierung der eigenen Ideal-Beziehung miteinbeziehen.

In einem dritten Schritt kann man dann schauen, ob man alle Aspekte berücksichtigt hat:
- Mond: Nähe
- Merkur: Gespräche
- Venus: Liebe, Harmonie, Schönheit
- Sonne: Selbstsicherheit, Selbstausdruck, Wertschätzung von Individualität
- Mars: Sex, Taten, Spannung, Aufregung
- Jupiter: Ziele, Lebensorganisation, Genießen
- Saturn: Beständigkeit, Verläßlichkeit
- Uranus: Neues, Überraschungen, Spontanität
- Neptun: Magie, Mystik, Kunst, Ökologie, Phantasie
- Pluto: Wesentliches, Verwandlungen, Intensität

In einem vierten Schritt kann man dann betrachten, wie die bisherigen Beziehungen ausgesehen haben. Dadurch kann deutlich werden, wo die „Knoten" sind, die noch gelöst werden müßten.

In einem fünften Schritt kann man sich dann noch einmal verdeutlichen, welche Möglichkeiten es eigentlich alles gibt, um anhand dessen zu überprüfen, ob man wirklich bereits sein Ideal-Bild einer Beziehung gefunden hat. Ein paar solcher Möglichkeiten sind:
- ein Mann und eine Frau
- ein Paar, aber daneben auch noch andere Begegnungen
- Patchwork-Familie
- keinerlei geregelte Bindungen
- zwei Paare gemeinsam
- ein Paar, aber immer nur für eine bestimmte Zeit
- eine Gemeinschaft mit den Frauen als Zentrum, die lose Beziehungen zu allen Männern haben
- ein Mann und ein Frauen-Harem

- eine Frau und ein Männer-Harem
- Kinder bei der Mutter
- Kinder bei Mutter und Vater
- Kinder beim Vater
- Kinder bei der Gemeinschaft
  usw.

VI 2.   Das Beziehungs-Mandala

In einem früheren Kapitel dieses Buches ist das Beziehungs-Mandala bereits dargestellt worden. Dieses Mandala sieht wie folgt aus:

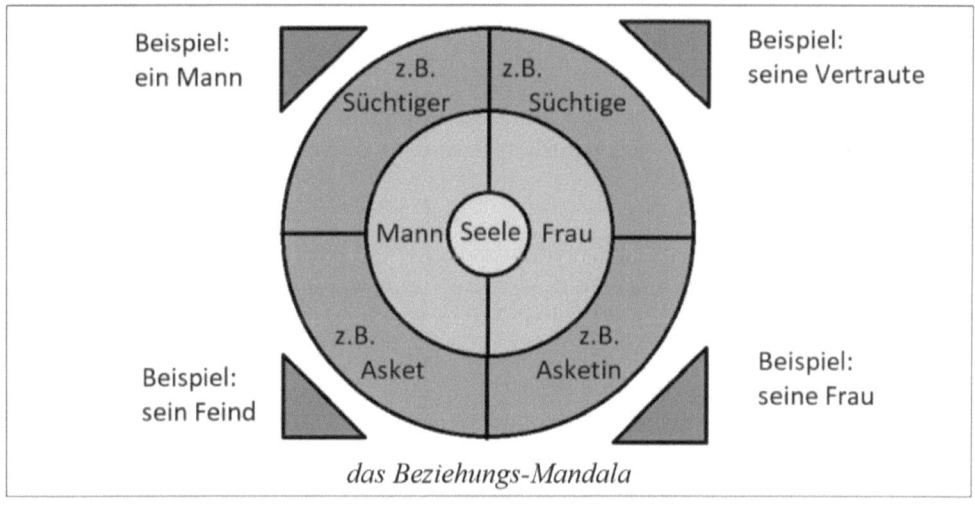

das Beziehungs-Mandala

Das Zentrum in diesem Mandala ist sie Seele im Herzchakra, das aufgrund seiner zentralen Stellung auch „Sonnenchakra" genannt werden kann. Die Seele ist die eigene Identität.

Der innere Mann und die innere Frau sind die beiden Spiegelbilder der Seele in der Lebenskraft – sie sind das ursprüngliche, heile Bild von Mann und Frau, die man in seinem derzeitigen Leben leben und erleben will. Daher geht es bei jedem Liebeszauber letztlich um diese beiden Bilder.

Die wesentliche Qualität der Seele ist eine grenzenlose Selbstliebe. Da sowohl der innere Mann als auch die innere Frau Spiegelbilder der Seele sind, lieben sich der innere Mann und die innere Frau – diese Liebe ist die Spiegelung der Selbstliebe der

Seele – sie ist die Selbstliebe der Seele, die auch ihre beiden Spiegelbilder einhüllt.

Die Liebe zwischen dem inneren Mann und der inneren Frau ist die Quelle der Liebe zu anderen Menschen – letztlich ist die Liebe zu einem anderen Menschen ein Ausdruck der Selbstliebe der Seele. Durch die Liebe zu einem anderen Menschen kann die Seele die eigene Selbstliebe im Außen erleben ...

Die einfachste Möglichkeit, den inneren Mann und die innere Frau kennenzulernen, besteht darin, den zentralen Kreis und den inneren Kreisring des Beziehungs-Mandalas auf den Boden zu zeichnen (z.B. Wollfaden) oder auf andere Weise zu markieren (z.B. Zettel mit Aufschrift) und sich dann wie bei einer Familienaufstellung nacheinander auf diese drei Positionen zu stellen.

Eine andere Möglichkeit wären zwei Traumreisen zu dem inneren Mann und zu der inneren Frau.

VI 3. Die Invokation des inneren Paares

Dieses innere Paar kann man mit einer Anrufung in sich hineinrufen. Der innere Mann und die innere Frau sind natürlich bereits in einem, aber sie sind möglicherweise nicht so bewußt, wie sie es sein könnten – und wie es für die eigenen Beziehungen förderlich wäre.

Zu dieser Invokation läßt sich eigentlich nicht viel sagen ... Wenn man sie durch eine Aufstellung, eine Traumreise o.ä. kennengelernt hat, kann man sie einfach in sich selber wachrufen, sie ansprechen und sie bitten, einen selber zu erfüllen, einem etwas zu sagen oder zu zeigen oder einen durch den Tag zu führen usw. Der eigenen Kreativität sind hier keine Grenzen gesetzt.

Man kann dies sowohl mit dem inneren Mann als auch mit der inneren Frau durchführen. Meist neigt man dazu, einen von beiden zu bevorzugen, aber erst die Präsenz von beiden führt zu einer wirklichen Heilung und Fülle. Wenn sowohl der innere Mann als auch die innere Frau in einem präsent sind, hören Beziehungen auf, ein „Brauchen" zu sein, sondern werden zu etwas, das man genießen kann und durch die man ausdrücken kann, wer man ist.

VI 4. Eine innere Paar-Meditation

Die folgende Meditation ist das Kernstück des Tantra-Yoga, das in verschiedenen Formen in den unterschiedlichen Traditionen erscheint.

- Man sitzt in einer angenehmen Haltung.

- Man stellt sich die sieben Hauptchakren als Lotusblüten vor: das Wurzel-chakra, das Hara, das Sonnengeflecht, das Herzchakra, das Halschakra, das Dritte Auge und das Scheitelchakra.

Beim Einatmen spricht man innerlich einmal „Seele" (oder ihren Namen, wenn man ihn kennt) oder den Namen einer Gottheit, der man vertraut. Beim Ausatmen spricht man jedesmal „Leben" oder „Liebe".

Man kann statt des zweiten Wortes auch bei jedem Chakra ein anderes Mantra benutzen, das den heilen Zustand dieses Chakras beschreibt. Dann könnten diese Mantren z.B. wie folgt lauten

- Scheitelchakra:	Leben – Einheit
- Drittes Auge:	Leben – Klarheit
- Halschakra:	Leben – Gemeinschaft
- Herzchakra:	Leben – Identität
- Sonnengeflecht:	Leben – Strahlen
- Hara:	Leben – Kraft
- Wurzelchakra:	Leben – Ekstase

- Man stellt sich nacheinander in den sieben Chakren jeweils den inneren Mann und die innere Frau vor, die beide auf der Lotusblüte voreinander sitzen.

- Der innere Mann und die innere Frau reichen sich die Hände und rücken aufeinander zu. Die innere Frau setzt sich auf den Schoß des Mannes und schlingt ihre Beine um seine Hüften und beide vereinen sich.

Man spürt in die innere Frau und den inneren Mann, die in den sieben Chakren erschienen sind, hinein und spürt ihre Vereinigung und ihr „sich gegenseitig spüren und lieben".

- In diesem Zustand bleibt man, solange man möchte. Möglicherweise braucht man mehrere Versuche, bis man diesen Zustand längere Zeit „ertra-gen" kann, da in ihm eine ungewohnte Fülle und Intensität liegen kann.

- - -

Wenn einem diese Meditation zu komplex ist, kann man zunächst auch eine verein-fachte Version benutzten und sich lediglich den inneren Mann und die innere Frau in sich vorstellen und die Chakren nicht weiter berücksichtigen. Bei dieser Version vereinen sich der innere Mann und die innere Frau nur einmal in einem und nicht gleich siebenmal in den sieben Hauptchakren.

VI 5. Tantra

Dieses Ritual kann man auch als Paar durchführen, wobei es sinnvoll ist, einen Orgasmus zu vermeiden und stattdessen die Spannung zu halten. Dafür ist auch nicht unbedingt der Lotussitz notwendig – es reicht auch, vereint still beieinander zu liegen und sich lediglich so viel zu bewegen, daß die Spannung nicht nachläßt. Die meiste Zeit sollte jedoch nur aus Still-Daliegen und Spüren bestehen.

Dieses „Paar-Yoga" kann auch zu dem Erwachen der Kundalini führen, was jedoch im Zusammenhang mit den Liebeszaubern nicht das zentrale Anliegen ist – obwohl das Erwachen der Kundalini letztlich natürlich einen selber und ebenso den inneren Mann und die innere Frau von allen Süchten, Ängsten und falschen Vorstellungen befreien würde.

VI 6. Der Sonnen-Liebeszauber

Der eigentliche, wirklich wirksame Liebeszauber ist sehr schlicht:

> - Man geht innerlich in sein Herzchakra und verbindet sich dort mit seiner Seele.

> - Man betrachtet, wie sich die Seele in der Lebenskraft als der eigene innere Mann und die innere Frau spiegeln.

> - Dann läßt man diese beiden nach außen in die Welt hinein wie die Sonne strahlen.

Dadurch entsteht Fülle statt Bedürftigkeit und Askese,
Kraft statt Macht und Ohnmacht,
Selbstliebe statt Größenwahn oder Minderwertigkeitskomplexe

– und man zieht Menschen an, die ebenfalls in Fülle, Kraft und Selbstliebe leben ... und kann dann mit ihnen kreative Beziehungen führen.

- - -

Wenn man möchte, kann man dieses Strahlen auch durch ein Ritual erschaffen und verstärken:

- Man stellt sich in die Mitte des Beziehungs-Mandalas, das man auf dem Boden markiert hat und verbindet sich mit der eigenen Seele.

- Man geht in den Halb-Kreisring des inneren Mannes und verbindet sich mit ihm.

- Man geht in den Halb-Kreisring der inneren Frau und verbindet sich mit ihr.

- Dann nimmt man die Qualität dieser drei und trägt sie mit einer passende Geste nach Osten und läßt sie in die Welt hinausstrahlen.
Diese Geste wiederholt man im Süden, Westen und Norden.

Die Haltung bei diesem Ritual ist der „strahlende, ungehinderte Selbstausdruck". Man strahlt das, was man ist, in die Welt hinein aus, und begrüßt das, was daraufhin auf einen zukommt.
Dies ist kein Herbeirufen, das einen Mangel beseitigen soll, sondern ein Will-kommenheißen von dem, was aus sich heraus kommt. In dieser Geste liegt auch kein Druck und kein Sog, sondern ein Tanz der eigenen Kraft. Diese Geste ist auch keine Bitte um Anerkennung oder eine Bewunderung von anderen, sondern ein Feiern der eigenen Selbstliebe.
Diese Geste ist ganz schlicht das Ausstrahlen dessen, was man ist. Auf diese Weise können bereichernde und erfüllende Beziehungen entstehen.

Bücher von Harry Eilenstein

Astrologie

- Astrologie (496 S.)
- Photo-Astrologie (428 S.)
- Die astrologischen Aspekte (88 S.)
- Horoskop und Seele (120 S.)

Magie

- Handbuch für Zauberlehrlinge (408 S.)
- Telepathie für Anfänger (S.)
- Tarot (104 S.)
- Physik und Magie (184 S.)
- Die Magie-Formel (156 S.)
- Krafttiere – Tiergöttinnen – Tiertänze (112 S.)
- Schwitzhütten (524 S.)

Meditation

- Der Lebenskraftkörper (230 S.)
- Die Chakren (100 S.)
- Das Chakren-System mit den Nebenchakren (296 S.)
- Meditation (140 S.)
- Drachenfeuer (124 S.)
- Reinkarnation (156 S.)

Kabbala

- Kursus der praktischen Kabbala (150 S.)
- Eltern der Erde (450 S.)
- Blüten des Lebensbaumes:
    - Die Struktur des kabbalistischen Lebensbaumes (370 S.)
    - Der kabbalistische Lebensbaum als Forschungshilfsmittel (580 S.)
    - Der kabbalistische Lebensbaum als spirituelle Landkarte (520 S.)

Religion allgemein

- Muttergöttin und Schamanen (168 S.)
- Göbekli Tepe (472 S.)
- Totempfähle (440 S.)
- Christus (60 S.)
- Dakini (80 S.)

- Vajra (76 S.)

Ägypten

- Hathor und Re 1: Götter und Mythen im Alten Ägypten (432 S.)
- Hathor und Re 2: Die altägyptische Religion – Ursprünge, Kult und Magie (396 S.)
- Isis (508 S.)

Indogermanen

- Die Entwicklung der indogermanischen Religionen (700 S.)
- Wurzeln und Zweige der indogermanischen Religion (224 S.)

Germanen

- Die Götter der Germanen (88 Bände)
- Odin (300 S.)

Kelten

- Cernunnos (690 S.)
- Der Kessel von Gundestrup (220 S.)
- Der Chiemsee-Kessel (76)

Psychologie

- Über die Freude (100 S.)
- Das Geheimnis des inneren Friedens (252 S.)
- Das Beziehungsmandala (52 S.)
- Gefühle und ihre Verwandlungen (404 S.)
- einsgerichtet (140 S.)
- Liebe und Eigenständigkeit (216 S.)
- Von innerer Fülle zu äußerem Gedeihen (52 S.)
- Die Symbolik der Krankheiten (76 S.)

Kunst

- Herz des Tanzes – Tanz des Herzens (160 S.)

Drama

- König Athelstan (104 S.)

Die Themen der 88 Bände der Reihe „Die Götter der Germanen"

1. Die Entwicklung der germanischen Religion
2. Lexikon der germanischen Religion

3. Der ursprüngliche Göttervater Tyr
4. Tyr in der Unterwelt: der Schmied Wieland
5. Tyr in der Unterwelt: der Riesenkönig   Teil 1
6. Tyr in der Unterwelt: der Riesenkönig   Teil 2
7. Tyr in der Unterwelt: der Zwergenkönig
8. Der Himmelswächter Heimdall
9. Der Sommergott Baldur
10. Der Meeresgott: Ägir, Hler und Njörd
11. Der Eibengott Ullr
12. Die Zwillingsgötter Alcis
13. Der neue Göttervater Odin   Teil 1
14. Der neue Göttervater Odin   Teil 2
15. Der Fruchtbarkeitsgott Freyr
16. Der Chaos-Gott Loki
17. Der Donnergott Thor
18. Der Priestergott Hönir
19. Die Göttersöhne
20. Die unbekannteren Götter
21. Die Göttermutter Frigg
22. Die Liebesgöttin: Freya und Menglöd
23. Die Erdgöttinnen
24. Die Korngöttin Sif
25. Die Apfel-Göttin Idun
26. Die Hügelgrab-Jenseitsgöttin Hel
27. Die Meeres-Jenseitsgöttin Ran
28. Die unbekannteren Jenseitsgöttinnen
29. Die unbekannteren Göttinnen
30. Die Nornen
31. Die Walküren
32. Die Zwerge
33. Der Urriese Ymir
34. Die Riesen
35. Die Riesinnen
36. Mythologische Wesen
37. Mythologische Priester und Priesterinnen
38. Sigurd/Siegfried
39. Helden und Göttersöhne

40. Die Symbolik der Vögel und Insekten
41. Die Symbolik der Schlangen, Drachen und Ungeheuer
42. Die Symbolik der Herdentiere

43. Die Symbolik der Raubtiere
44. Die Symbolik der Wassertiere und sonstigen Tiere
45. Die Symbolik der Pflanzen
46. Die Symbolik der Farben
47. Die Symbolik der Zahlen
48. Die Symbolik von Sonne, Mond und Sternen
49. Das Jenseits
50. Seelenvogel, Utiseta und Einweihung
51. Wiederzeugung und Wiedergeburt
52. Elemente der Kosmologie
53. Der Weltenbaum
54. Die Symbolik der Himmelsrichtungen und der Jahreszeiten
55. Mythologische Motive

56. Der Tempel
57. Die Einrichtung des Tempels
58. Priesterin – Seherin – Zauberin – Hexe
59. Priester – Seher – Zauberer
60. Rituelle Kleidung und Schmuck
61. Skalden und Skaldinnen
62. Kriegerinnen und Ekstase-Krieger

63. Die Symbolik der Körperteile
64. Magie und Ritual
65. Gestaltwandlungen
66. Magische Waffen
67. Magische Werkzeuge und Gegenstände
68. Zaubersprüche
69. Göttermet
70. Zaubertränke
71. Träume, Omen und Orakel
72. Runen
73. Sozial-religiöse Rituale

74. Weisheiten und Sprichworte
75. Kenningar
76. Rätsel

77. Die vollständige Edda des Snorri Sturluson
78. Frühe Skaldenlieder
79. Mythologische Sagas
80. Hymnen an die germanischen Götter